बावरी

की कहानी

meenu n[illegible] 2.0

BookLeaf Publishing

India | USA | UK

Made with ❤ on the BookLeaf Publishing Platform
www.bookleafpub.in
www.bookleafpub.com

Dedication

To my two not-so-little ones, Jigisha & Kanishka, who are on the threshold of becoming beautiful, brave young women, ready to live on their own terms...

To my granddaughter, Barkat, who brings out the four year old in me, when I miss it the most...

To Mummaaa, who never gave up on me and whom I now scold, as my own child...

To Papa, who shines bright up there in the sky every night, reminding me he is with me forever...

To the ones who never gave up on me...as well to the ones who pushed me to the limits...

To the ones who still don't fail to shower me with all their love and care...as well to the ones who never realised my worth...

To the ones who made me believe I had wings to fly...as well to the ones who tried every which way to cage me...

To the ones whom I made memories with to cherish all my life...as well to the ones who were part of my nightmares...

To the ones who connected with my soul...as well to the ones who were a part of my life but couldn't connect ever...

Grateful to God for bringing you all along and completing my story...

the black sheep©

I chose to take a dip
than sitting on the shore,
however cold the water is,
keeping my heart always warm,
as I truly believe
warm hearts can change the world.
I chose to swim in the opposite direction
than following the stream,
as I truly believe
you just got to keep swimming
to finally arrive where you belong.
I chose to challenge my strength and act

than sobbing on the scenario,
however scared I felt,
as I truly believe
empowerment means
taking charge of one's life.
I chose to show my caliber
than acting dumb,
as I truly believe
more failures bring more learning.

I chose to be myself
than changing under influences,
as I truly believe
in designing my life
the way I want it to be.
I chose to smile often than frowning
as I truly believe
in bringing smiles on their faces
even when I am gone.
I chose to shine the brightest
even in the darkest nights,
as I truly believe in
enlightening my heart and soul
and then guiding others.

I chose to lift myself up on each fall
and fly even higher, beyond the horizon,
as I truly believe
a bird set free would never like
to be caged again.
I chose to make my own way,
taking the unbeaten paths
than following the herd
and be a black sheep instead,
as I truly believe
detours always lead you home—
and this is what keeps me alive.

the black sheep© 03.11.2024 21:46

Believe in yourself

Let them keep wondering what you are up to,
stay silent and keep building your empire.
Let them be busy conspiring how to break
you, be determined to follow your heart
and live your life the way you want to...
Let them think whatever and form opinions,
stay calm—the ones who don't know
or understand the real you
shouldn't really matter...
Let them spit venom and spread hatred;
just choose to smile and walk away instead,
leaving them in their own potholes...
Let them try to mould you in their system,
just know you are much more than that
and are not made to fit in,

and can neither be confined nor defined..
Let them try to mock you
at every single step of yours,
just focus on your journey
and keep moving ahead...

the black sheep @ 20.07.2021 00:01

I am still learning

Who needs formatting tools
when I know how to reset
and format my life the way I want?
Who needs Duolingo
when I understand the unspoken, unheard?
Who needs Spotify and YouTube premium
for uninterrupted listening
when I can play my own tunes?
Who needs AI tools
when I know how to write
and express my emotions,
be it poetry or art or pictures?
Who needs a canvas
when I know

how to paint my life in my own hues?
Who needs to listen to songs
when I am busy singing
what life has taught me?
Who needs to go to the dance floor
when I am dancing
to whatever life throws at me?
Who needs to go to the movies when I am
busy directing my own life story?
Who needs to read one book at a time
when I can start over and read
as many as I want, whenever I feel like,
learning something new from each one?
Who needs to be perfect
when I can make as many mistakes I can
only to learn and evolve?
But what I do need in life is this hunger
to always learn and achieve
whatever the world says is not possible.

the black sheep© 03.11.2024 17:52

Life lessons | bookish knowledge

कौन खिलाड़ी, कौन अनाड़ी
ज़िंदगी की game में,
किसी के bank account में हो रही है
नोटों की बारिश,
तो किसी ने अपने emotions pour करके
आगलगा रखी है।
और देखने वालों की समझ से परे है कि छाता
खरीदें या fire brigade बुलाएं।
कहते हैं इश्क़ और मोहब्बत में सब जायज़ है
तो फिर ये "relationships are subject to life
risk and please read the offer document
carefully before falling"

का disclaimer क्यूं नहीं बताते?
और "please read the expiration date before consuming" की warning
शादी के card पे क्यूं नहीं छपवाते?
और स्कूलों में बच्चों को
ये सब क्यूं नहीं सिखाते?

the black sheep© 01.11.2024 11:36

Be yourself

चाय पियूं, पानी पियूं,
Cappuccino या पिऊं Mocha,
Breezer, Beer या फिर पियूं Vodka,
Red wine, White wine, Tequila,
या fir सीधा LIIT?
मेरी सोच पे कोई रोक नहीं,
मेरी मेहनत का कोई तोड़ नहीं।
Left जाऊं या फिर Right,
सीधा चलूं या फिर उल्टा?
पैसे बहुत हैं पर कभी घमंड नहीं किया,
तो सोचती हूं, क्यूं ना थोड़ा खुद पे लुटा दूं,
और थोड़ा किसी की help भी कर दूं।

स्वर्ग जाऊं या नर्क,
अब कोई फ़र्क नहीं है पड़ता।
जब तक जिऊं बस अपनी शर्तों पे जिऊं।
कौन क्या कह रहा है ये क्यूं ही सोचूं?
और क्यूं ना बस वही करूं,
जो मेरे दिल का है कहना।
झूठ बोलना मुझे कभी रास ना आया,
तो सोचा, क्यूं न सच बोलके
दुनिया को आईना दिखा दूं।
बाकी सब तो ठीक है लड़की,
बस एक बात याद रखना—
तू जैसी है वैसी ही रहना।

the black sheep© 02.11.2024 17:38

Who am I

My face is a book,
and I know how to read
the unspoken, unheard emotions.
Who needs Facebook...
I switch between emotions
and light up the mood instantly.
Who needs Instagram...
I chirp and tweet when it's the quietest
and spread cheer all around.
Who needs Twitter...
I ain't no star,
but I shine brightest when it's dark.
One moment, I'm dark as the night,

and the next, I'm bright
as the Polaris star.
I ain't no singer,
but I sing for myself in solace
loud and clear
I ain't no dancer,
but I dance to the tunes
of this fake world quite well...
I ain't no author,
But I know how to write
my own story
in all the languages,
known and unknown.

I ain't no painter,
but I know how to paint the world
in my own colors...
I ain't no artist,
but I know how to enact
all the chapters of my life
and put up a show.
I ain't no model,
but I dress up in whichever color I like—
black or white and all the colors
in between...

I ain't no racer,
but I drive at my own pace
to arrive where I belong...
I ain't no player
but I switch and take any lane in the game
I am a game changer...
I ain't no doctor,
but I know how to kill the pain
and cover the scars with rags...
I ain't no engineer,
but I know how to build my life
the way I want and balance it well...
I ain't no banker,
But I know how to collect other's emotions
and keep them safe...

I ain't no leader,
but I know how to lead my life
and guide others as well...
Wait and watch for the time
when I will tell the world who am I.

the black sheep © 30.10.3024 08:55

अतरंगी

मैं ही राम, मैं ही सीता, और मैं ही रावण।
मैं ही श्याम, मैं ही राधा, और मैं ही मीरा।

मैं ही सरस्वती, मैं ही लक्ष्मी, और मैं ही दुर्गा।
मैं हूं कभी नासमझ,
और कभी सब को हूं समझाती।

मैं कभी रोती, कभी हंसती,
तो कभी सब को फिरूं हंसाती।
मैं भले ही गरीब, पर हूं दिल से अमीर।
मैं कभी रुक जाती रस्तों पे,
तो कभी फुल स्पीड हूं चलती।

मैं भले ही इंसानों से हूं भागती,
फिर भी खुद से हूं मिल जाती।

मेरा पीछा क्या ही कर पाएगा ये ज़माना
मैं हाथ किसी के ना आती।

मैं कभी तारों सी टिमटिमाती,
तो कभी सूरज सी जगमगाती।
मैं कभी पानी सी बहती,
तो कभी पहाड़ों सी ठहर जाती।
मैं कभी नाराज़ हो जाती,
तो कभी ख़ुद को ही हूं मनाती।

मैं कभी यहां, कभी वहां न जाने कहां-कहां।
मैं कभी गिलहरी सी फुदकती,
तो कभी शेरणी सी लड़ जाती।
मैं कभी चिड़िया सी दाने चुगती
तो कभी बाज सी लड़ जाती।

मैं कभी सब कुछ बिखरता हुआ देखती
तो कभी समेटने में लग जाती।
मैं कभी हिंदी कभी अंग्रेज़ी
तो कभी पंजाबी में हूं गाती।
मैं कभी नैनों से दिल की बात सुनाती
तो कभी ज़ोर ज़ोर से हूं गाती।

मैं कभी एकदम चुप
तो कभी शोर हूं मचाती।

मैं कभी समझ न आई
तो कभी समझ ना पाती।
मैं कभी भीड़ में गुमसुम खामोशी
तो कभी तन्हाई में हूं मुस्काती।
मैं कभी पीछे पीछे आती
तो कभी पीछे हूं भगाती।

मैं कभी खुद से ही शर्माती
तो कभी दुनिया से लड़ जाती।
अब क्या ही बताऊं
मैं कभी चलते चलते रुक जाती
तो कभी गिर के भी उठ जाती।
कभी आसमानी रंग
तो कभी रंगीन सपनों की दुनियां हूं बसाती।

मैं कभी रामायण कभी गीता कभी कुरान
तो कभी गुरबाणी हूं सुनती।
मैं कभी डर के सहम जाती
तो कभी सबको हिम्मत हूं दिलाती।
मैं कभी आंखें बंद पीछे पीछे चलती
तो कभी आगे हूं निकल जाती।

मैं कभी सफ़ेद कभी काली
तो कभी सबको हूं रंग जाती।
मैं सब कुछ सुन के समझती

तो कभी अपनी ही चलाती।

मैं कभी सर्द रातों की चादर
कभी गर्म रातों की हवा सी
तो कभी बारिश हूं बन जाती।
मैं कभी भटक जाती
तो कभी अपने रस्ते ख़ुद ही हूं बनाती।
पर आज भी सिर्फ़ ख़ुद से और रब से हूं डरती।

मैं कभी चुप्पी हूं साध लेती
तो कभी बोलते बोलते थक जाती।
मैं कभी दिन भर हूं डोलती
तो कभी रात भर जागती।
आज भी मैं सिर्फ़ ख़ुद से और रब से हूं डरती।

the black sheep© 13:10:2024 02:53

रब की मेहर
सब पे बरसे बरकत

जब कोई नही, पर सब थे,
तब भी मेरे साथ मेरा रब था।
भीड़ की खामोशी में, अकेलेपन के शोर में,
घबराहट, परेशानी, मुस्कुराहट में,
Failure में, Success में,
नफ़रत में, प्यार में, मंदिर, मस्ज़िद,
चर्च, गुरुद्वारे में।
हर उजले दिन, हर अंधेरी रात में,
काली, सफेद, अतरंगी fake दुनिया में,
हर celebration, हर त्यौहार में,
बादल में, धूप में, छाया में, बारिश में।
बचपन में, अल्हड़पन में,
गुस्से में, प्यार में,
पसीनों में, फ़ुहार में,
सर्द रातों में गर्म हालातों में।

अनजान मंज़िल और मुश्किल रस्तों पे,
हर ग़लती, हर lesson में,
हर चोट, हर ठोकर में,
हर रोक, हर टोक में।

हर बदनामी, हर शौहरत में,
हर धुंए, हर नशे में,
हर दोस्त, हर दुश्मन में,
हर नफ़रत, हर प्यार में।
हर भूख, हर रोटी में,
हर अंधियारे, हर उजाले में,
हर सपने, हर achievement में,
हर पल, हर क्षण,
हर राह, हर मोड़ पे।
कोई हो ना हो, मेरे साथ मेरा रब था,
क्यूंकि मेरा रब मेरे अंदर बसता है।

और जिसका दिल बड़ा हो और इरादे नेक,
उसका कोई हो न हो, उसका रब होता है।

the black sheep© 15:10:2024 01:02

God's Plan

This is to every fear
that tried to break me
and every step I took
to persevere and conquer.
To every precious pearl
these eyes shed alone,
and to every wicked smile
and careless laughter
the whole world saw.
This is to all the boundaries
that tried to stop me,
every barrier I crossed along the way,
and to each small step I took
to finally leap and arrive
where I belong.
This is to each and every societal rule
that tried to bind me, only to be broken,
and my ethics and principles
that always kept me grounded.

This is to every dark night
that tried to blind me,
and to every moonlight that enlightened me.
This is to all the summers I bloomed,
all the springs I shed my fears,
all the rains I shed my tears,
and all the lonely winter nights
I spent with the so-called love of my life
by my side, who couldn't connect ever.
This is to all the cages
that tried to keep me behind shutters,
the wings I never knew
I always had to flutter,
and all the skies I plan to soar.
This is to all the hatred
I was offered on the plate,
and all the love
that I showered in return.
To all the foes I made along the way.
all the so called baes
whom I never got to understand,
and all the fake relationships
that were really never ever there.
This is to all the grown-ups I met,
the defined rules they followed blindly

they could never break free,
all the kids who never couldn't get
what adulting has in store for them.
To the one who said I was a kid
when we met and raised, my love,
and to the 4 year old in me
that kept me alive all this while.
To all the doors I closed
on my dad and mom's faces,
all the detours I took to ditch them,
and all the feelings I kept buried inside
just to show them that I was happy—
because it was my own decision
to be with you, my love.
To all the days and nights I missed them
just to avoid all the fights
and arguments with you, my love.
To all the money you said
you spent on me all this while—
until the day you told me
I have started speaking out
cos I am earning more than you, my love.
This is to all the nightmares
I had every single night
where I was lost and

couldn't find the way out.
To all the dreams I dared to see
with wide-open eyes—
that I'm going to fulfill now, my love.
And all the loans I took
to fulfill the dreams of OUR kids, my love,
and all the memories
I made, all along the journey.
This is to all the games
people played all along,
and the game-changing moves
I played by God's grace
and with the blessings
of my loved ones...
This is to all the power
I gave away to the fake ones,
only to overpower me, until the day
I took charge of my life.
This is to the insecure ones
who packed their bags and left me stranded,
thinking I would beg and plead
for them to return.
To the ones who stood by their side,
laughing at me, trying to pin me down,

to the ones who understood me for what I
am, always were by my side
and connected with my heart and soul...

It was truly an honor, because it wouldn't
have been possible without all of this and all
of you...

the black sheep© 20.10.2024

Mostly Insane

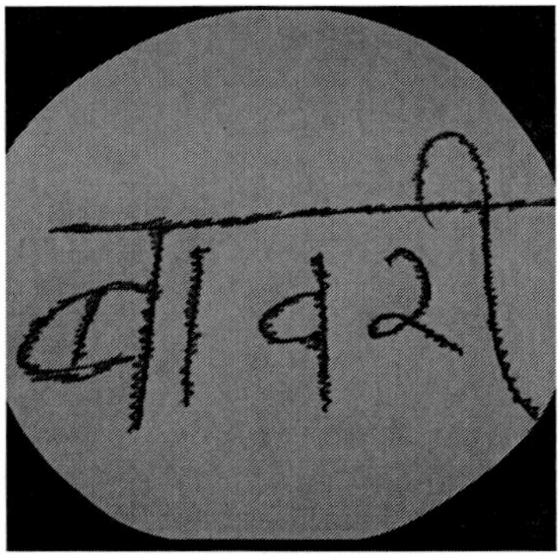

मैं ही खुद का चांद,
टिमटिमाते तारे और अपना ही सूरज।
मैं कभी कड़कती धूप, तो कभी सर्द हवा।
मैं कभी काले बादल तो कभी बरसता सावन।
मैं कभी पत्तों पे गिरी ओस,
तो कभी पहाड़ों पे बर्फ़ की चादर।
मैं अपनी ज़मीन, अपना आसमां,
तो कभी आज़ाद परिंदा।
मैं कभी होली के रंग, कभी रंगोली।
तो कभी दिवाली के दियों की जगमग।
मैं कभी ख़ामोशी, तो कभी हूं शोर।
कभी समझ न पाई, तो कभी समझ न आई,
और नासमझ इस दुनिया में बावरी मैं कहलाई।

the black sheep@ 21.10.2024 02:03

जाओ माफ़ किया

I used to wake up every morning,
Diving deep in my thoughts every night,
Sit back and ponder
Is this what I came for?
Is this what I'm made to do?
Be known as someone's wife,
Or someone's mother,
Or a corporate slave,
Waking up to the alarm day by day,
However much I hated it,
Only to do the mundane tasks of life.

अरे वही जो सब सती सावित्री पत्नियां करती हैं—
बच्चों को उठाना, tiffin pack करना,
तैयार करके bus stop तक छोड़ के आना,
फिर bed tea बनाना,
और सोते पतिदेव को 'सुनते हो' कह के उठाना।
अपनी bed tea, उनका नाश्ता और lunch,
बनाते हुए kitchen में पीना।
और कभी जो उम्मीद करना कि वो bus stop
तक बच्चे छोड़ आएंगे तो सब छोड़ के
सबसे पहले उनकी bedtea बनाना,
क्यूंकि साहब की आंख नहीं खुलेगी ना!

Anyways, let's not get distracted,
And get back to making his breakfast
and packing our lunch.
फिर साहब उठ के तैयार हो जाएं जब तो
उनके लिए गरम चाय बनाना,
जो उनको नाश्ते के साथ है पीना।
फिर इज़्ज़त और प्यार के साथ,
बिस्तर पे नाश्ता serve करना।
और उनका tiffin pack करके bag में रखना
इस बीच बिखरा हुआ घर संभालना,
और जब साहब काम पे जाने लगें,
तो प्यार से bye बोलते हुए tiffin bag थमाना।

और जब वो चले जाएं, तो जल्दी जल्दी
ख़ुद office के लिए तैयार होना,
और बिना breakfast किए भागते हुए चले जाना।
क्यूंकि किसी को क्या पता चलेगा?
और चला भी तो क्या फ़र्क पड़ेगा,
कि biwi ने नाश्ता किया भी या नहीं किया,
उसने अपने लिए tiffin में क्या pack किया?
Anyways, let's not get emotional,
It's not the time to shed tears.
दिन में boss की जी हजूरी करना,
Office politics को dodge करना,
फिर रात को आके फिर वही mundane tasks
में लग जाना with a big smile.
फ़िर dinner बनाते हुए बच्चों के
Homework में help करना,
और tv देखते हुए साहब को
गरम गरम dinner serve करना।
फिर बच्चों की school dress check करना,
उनके bags pack करा के उन्हें सुलाना,
क्यूंकि सुबह जल्दी है उठाना।
और जब थक के बिस्तर पे सोने जाओ finally,
तो साहब की sexual desires को पूरा करना।
क्यूंकि भाइयों और बहनों किसी समझदार ने
मुझे कहा था कि पति पत्नी के रिश्ते को निभाने
के लिए sex कितना ज़रूरी है गर मुझे नहीं ये पता

तो मुझे अपने मां बाप से चाहिए पूछना
पर शायद उस इंसान को उसकी मां बहन ने
ये नहीं सिखाया कि एक relationship में
Emotional connect होना कितना ज़रूरी है
खैर छोड़ो अब तो divorce दे दिया मैंने उसे
पर divorce होके भी चैन नहीं आया साहब को
सुकून नहीं मिला आधी ज़िंदगी बर्बाद करके भी
कहते हैं बची कुची भी जलाएंगे
तो हमने भी है ये ठाना कि petrol हम लेके देंगे
तुम सामने से चल के तो आओ कभी
Swag से स्वागत करेंगे, गर्म चाय भी पिलाएंगे
और अपने हाथों से बनाके खाना भी खिलाएंगे
उसके बाद तुम्हारे झूठे बरतन भी मांजेंगे
फिर उसी बिस्तर पे बैठ के बात करेंगे
जिसपे तुम चैन से सोते थे
और हम रोते रोते सोचते थे कि क्या यही प्यार है
और almost हर रात nightmares देखते थे
जिनमें जिस रस्ते से अन्दर आए थे
वो वापसी के time मिलता नहीं था
और कितनी बार तो पापा साथ होते थे
पूरी पूरी रात निकल जाती थी
पर रस्ता नहीं मिलता था
और हां जी मैं कैहा
तुम्हारी क़िस्मत अगर अच्छी हुई
तो dessert में थोड़ी kiss विस भी कर लेंगे

जाओ तुम क्या हमारा happy birthday
मनवाओगे
अब हम मिलके divorce day मनाएंगे
Cos I m not an early riser
But definitely a late comer, my love
But देर से ही सही अब realise हो गया है
कि आई हूं तो कुछ बड़ा करके जाऊंगी
अपना नाम कमा के जाऊंगी
पापा का नाम रौशन करके जाऊंगी
बहुत बजाई है दुनिया ने मेरी
अब थोड़ा तो मैं भी बजा के जाऊंगी।

the black sheep© 05.11.2024 09:44

रिश्ते नाते | the balancing act

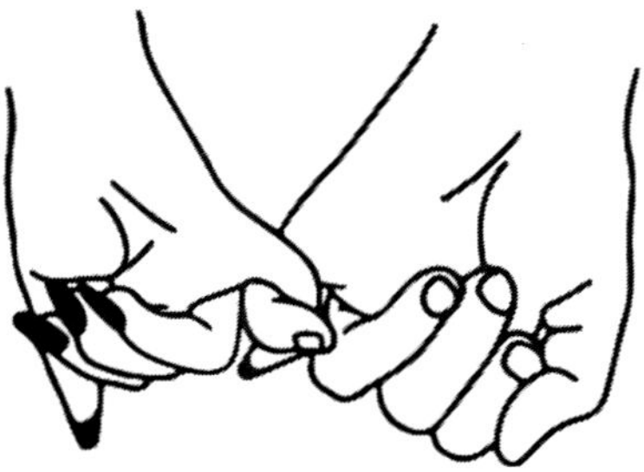

ओ perfection की दुकान,
सुन बात मेरी, मान ना हो परेशान।
थोड़ा बन जा तू नादान,
और बिखरा रहने दे सब सामान।
थोड़ा गा, थोड़ा झूम जा,
कभी रुक, तो कभी घूम जा।
ज़रूरी नहीं घर की हर चीज़ shine करे,
और हर poem तेरी rhyme करे।
दिल साफ़ होना चाहिए,
रस्ते अपने आप बनते हैं।
जादू टोना कराने से तरक्की नहीं मिलती
और कुंडली मिलाने से रिश्ते नहीं बनते
मेहनत करनी पड़ती है success के लिए
और emotional connect बनाना पड़ता है
रिश्ते निभाने के लिए

साथ चलना पड़ता है सही में ग़लत में क़दम से
क़दम मिलाके हर सफ़र में
भले ही मंज़िल दूर हो
तब जाके कहीं हमसफर बनते हैं
और कहते हैं रूहानी रिश्ते
ऊपर से बन के आते हैं

the black sheep© *05.11.2024 04:02*

रब की मेहर

24 घंटे भी कम हैं उसके लिए,
जो-जो life में achieve करना है।
हर ख़्वाब जो देखा, पूरा करना है।
हर रंग कम है, क्यूंकि life को
अपने रंग में ही रंगना है।
वो आसमां भी कम है,
इतनी ऊंची उड़ान भी भरना है।
पूरा dance floor भी कम है,
ज़िंदगी की ताल पे इतना नाचना है।
हर वो नशा भी कम है, आंखों से जो पिलाना है।
हर वो इतर भी कम है हवा में जो मिलाना है,
हर वो रफ्तार भी कम है।
पूरी कायनात जो घूम के आना है।

हर वो नफ़रत भी कम है,
दुनिया में इतना प्यार बांटना है।
हर वो अंधेरा भी कम है,
चारों और नूर जो फैलाना है।
हर वो ख़ामोशी कम है,
इतना शोर मचाना है हर वो दौलत कम है
रब की मेहर पे जो भरोसा है।
और एक जनम भी कम है,
वो सब पाने के लिए जो किस्मत में लिखा है।

the black sheep© 05.11.2024 00:13

दास्तां

बंद आंखों से छोटे सपने नही देखती मैं,
खुली आंखों से बड़े बड़े सपने देखती हूं,
और उन्हें पूरा करने की हिम्मत
और जज़्बा भी रखती हूं।
ऊंची उड़ान भरनी है,
आसमां के पार जाना है,
सूरज को छू के आना है,
चांद को भी मिलके आना है,
तो तारों के साथ खेलना भी है।
थोड़ा फूलों सा खिलना है,
तो कांटों सा चुभना भी है।
पेड़ों सा जड़ से मज़बूत बनना है,
तो पत्तों सा गिर के उड़ना भी है।
कुछ कहना है, तो कुछ समझना भी है।
कुछ लड़ना है, तो कुछ मनाना भी है।

कुछ प्यार बांटना है, तो थोड़ा बटोरना भी है।
कुछ गर्म दिनों में तपना है,
तो कुछ सर्द रातों में ठिठुरना भी है।
कुछ बारिश में भीगना है तो
तो कुछ इंद्रधनुष से रंग चुराना भी है।
कुछ पतझड़ में संवरना है,
तो बिखरी ज़िंदगी को समेटना भी है,
कुछ तूफानों से लड़ना है,
तो कुछ समुंदर सा बहना भी है,
कुछ पहेलियां सुलझानी हैं,
तो कुछ कहानियां भी सुनानी हैं।
कुछ ज़िंदगी की धुन पे नाचना है,
तो अपनी ही धुन में गाना भी है।

the black sheep© 04.11.2024 21:39

Me day

I wonder why people celebrate
their birthdays, marriages,
and anniversaries lavishly
just to show the world they're happy...
I wonder why people celebrate Mother's Day,
Father's Day, Valentine's Day, Daughter's Day,
Women's Day
when they don't even love and respect
their mother/father/daughter/lady love...
I wonder why people celebrate
when a child is born in this fake world
when the societal norms
don't even let them make their own choices
and live their lives the way they want to...

I wonder why people
rather don't start celebrating death day
when that's the real universal truth
everyone needs to face and that's the day
our spirits are finally set free
from this cycle of rebirth...
I wonder why people rather don't start
celebrating breakup day and divorce day
when they're finally out of the misery they
have been in...
We need to realize our self worth,
start loving self and living life
the way we want to, sooner than later...
and start celebrating 'Me day.'

the black sheep© 04.11.2024 00:44

रौला पै गया

हम गाते गाते नहीं थकेंगे,
तू सुन सुन के थक जाएगा।
हम चलते चलते नहीं थकेंगे,
तू catch करता थक जाएगा।
हम हर रंग में सजेंगे,
तू match करता थक जाएगा।
हम नाच नाच नहीं थकेंगे,
तू धुन बजाते थक जाएगा।
कभी art में मारेंगे,
तो कभी rap में मारेंगे।
कभी FB, कभी IG, तो कभी X पे मारेंगे,
कभी photo में तो कभी video में मारेंगे।
कभी गाने में तो कभी डांस में मारेंगे,
कभी still में तो कभी reel में मारेंगे।

कभी भीड़ में तो कभी solo में मारेंगे,
कभी धुंए में तो कभी शोलों में मारेंगे।
कभी आधी नींद में तो कभी उठते ही मारेंगे,
कभी ख़्वाबों में तो कभी nightmares में मारेंगे।
कभी dusk till dawn मारेंगे,
कभी सफेद कभी काले
तो कभी हर रंग में मारेंगे।
कभी रस्ते भटक के
तो कभी खुद से मिल के मारेंगे,
कभी लिख के तो कभी सुना के मारेंगे।
कभी गा के तो कभी बजा के मारेंगे,
कभी Spotify पे
तो कभी youtube पे मारेंगे।
कभी बैठ के तो कभी घूम के मारेंगे,
कभी fast & furious
तो कभी slow motion में मारेंगे।
कभी सूरज की धूप सा,
तो कभी चांद की चांदनी सा मारेंगे।
कभी काली घटा कभी बिजली बन,
तो कभी घनघोर बारिश बन के मारेंगे।
कभी सूनी आंखों से तो
कभी smokey eyes से मारेंगे।
कभी मिन्ना मिन्ना हंस के,
तो कभी आंसुओं की धार से मारेंगे।
कभी फूल बन के

तो कभी cactus बन के मारेंगे।
कभी तितली, कभी मोरनी,
तो कभी dragonfly बन के मारेंगे।
कभी चिड़िया, कभी गिलहरी।
तो कभी बाज बन के मारेंगे
कभी sad song में
तो कभी romantic में मारेंगे,
कभी hip hop से
तो कभी salsa से मारेंगे।
कभी गिद्दे में तो कभी भांगड़े में मारेंगे,
कभी ख़ामोशी में
तो कभी हर भाषा में मारेंगे।
कभी मदहोशी में
तो कभी sobriety में मारेंगे,
कभी sip sip में
तो कभी chug करके मारेंगे।
थक जाए तो red bull या sting पी लेना,
हम कभी beer, कभी champagne,
तो कभी red wine पी के मारेंगे।
कभी चलते चलते कभी रुक के,
तो कभी पलट पलट के मारेंगे।
हम ग़ीदड़ नहीं, जो छुप के गुप्त रूप धरें
और group में लड़ें,
शेर हैं पंजाब के दहाड़ में ही मार डालेंगे!
हम वो भी नही जो पीठ पीछे वार करें,

सामने से आँखें मिला के मारेंगे।
और मेरी जान हमेशा बता के मारेंगे!
तू खिड़कियों से छुप के झांकना,
हम दरवाज़ा खोल के मारेंगे।
और तुम और तुम्हारे यार बेली,
अब line में लगके हमपे पैसे वारेंगे!

the black sheep© 29.10.2024 01:14

Appointment

हांजी, मैं केहा
ऐसे कैसे, ऐसे वैसे,
देखे बहोत तेरे जैसे।
होंगे तेरे पे बहुत पैसे,
पर अपन दिल और soul से अमीर हैं, बेटे।
बिकते नहीं, तू मोल तो लगा,
गिरते के फिर से उठते हैं, तू बस धक्का लगा,
और उठके फिर से उड़ते हैं, तू देखी जा।
पंख हमारे उड़ान भरने पे हैं निकले,
तू गिनता जा!
ऐसा है, तू अब appointment लेके आना,
ज़रा phone उठाना और नंबर घुमाना।

आज भी same है number,
और same हैं ये रब के बंदे।
सामने बैठ के बात करेंगे
एक आध मुलाक़ात
(did I mean मुक्का लात) करेंगे।
आँखों में आँखें, हाथ में हाथ रखके,
चांदनी रात में तारों की छांव में बात करेंगे।
और कुछ सवाल गर हों ज़हन में,
तो साथ में मेरे सवालों के जवाब भी लाना।
So, pack your bags and leave, बेटे!

जितना प्यार तूने दिया था,
उसका 0.000005% लौटाना तो बनता है!
तो लेके जा और सुन,
2-3 खाली suitcase ले आना,
In fact, मैं तो कहती हूं
tractor ट्राली साथ लाना!
और तुम्हारा कुछ सामान
हमारे पास पड़ा है, वो लेके जाना।
घर set कराने में help चाहिए
तो ज़रूर बुलाना,
क्यूंकि हम आज भी वही हैं रब के बंदे,
जो बदले नहीं लेते
बस अपना रास्ता हैं बदल लेते।
और वक्त आने पे मदद का हाथ भी हैं देते।

ये कैसा है जुनून अब मुझे कोई होश नहीं,
मैं यहीं हूं खड़ी तू मुझे घूर तो सही!
अब मैं ऊपर जा रही तो मुझे रोक तो सही!
रहन दे, बेटे तेरे बस की बात नहीं।
ऐसा चमकेंगे, तू देख नहीं पाएगा,
ऐसा उड़ेंगे, तू रोक नहीं पाएगा,
ऐसा गाएंगे, तू सुन नहीं पाएगा,
और ऐसा फाड़ेंगे, तू सिल नहीं पाएगा!
थोड़ा दूर रह, बेटे current लग जाएगा।

the black sheep© 28.10.2024 08:11

private charter

हां जी, मैं क्या
गाने गुने भी बज गए,
ते ढोल शोल भी हो गए।
डांडिया से लेके भांगड़ा तक,
पीछे भी हो गए,
ते गेडियां वी हो गईं।
Trailer भी हो गए
और advertisements भी हो गई,
हिंदी भी हो गई, अंग्रेज़ी भी हो गई,
पंजाबी ले गुरमुखी चक, अरबी भी हो गई,
Japanese क्या Chinese, क्या turkish भी हो गई।
ज़रा मेरे दिल का morse code solve करके देख!
इडली सांभर से छोले भटूरे तक
Pasta से pizza तक,
Chinese से lebanese, क्या Italian तक—
सब खा लिया अब ये catch मसाला डफ!

London घूमा thailand घूमा
जाने कहां कहां घूमा,
अब थोड़ा इस शेरनी का जंगल भी घूम!
Skydiving से लेके deep sea diving भी हो गई,
जिगरा है तो थोड़ा इश्क़ में उड़ के
और डूब के भी देख!Club shlab, Pub शब, मेले
वेले सब घूम लिए,
casino वसीनो, movie shoovie सब हो गए,
अब थोड़े हमारे दिल के जज़्बातों की
दुनिया भी घूम!
BMW, 3 wheeler, 4 wheel drive सब हो गई,
Manual क्या automatic क्या
chauffeur driven भी हो गई,
ज़रा गिर के फिर से उठ के
अपनी life संभाल के तो देख!
Dollars, euros, pounds, yen
सारी currency हो गई
थोड़ा प्यार, चैन और सुकून कमा के देख!
Silver, gold, diamond, titanium
pearls सब सजा लिए,
ज़रा दर्द में भी मुस्कुरा के
दूसरों की हंसी संजो के देख!
T shirts, 1 piece, tuxedo, शेरवानी क्या
सूट, पटियाला, bodycon से लेके
साड़ी भी पहन ली,

कभी दूसरों के ग़म की चादर ओढ़ के भी देख!
बाबू, शोना, sweetu, darling,
baby doll भी सोने की हो गई!
नीले आसमान के नीचे
रंग बिरंगी छतरियां भी हो गई।
होली के रंगो से रामलीला तक, दशहरे के मेले से
दिवाली की फुलझड़ी और पटाखों तक,
फूलों की बहार से बारिश की फुहारों तक,
गर्मी की धूप से लेके सर्दी की रातों तक,
Goa के beaches की रेत से
leh की बर्फ़ के चादरों तक,
हर इक दिन हर इक पल
वो सारी memories मेरे साथ थी
जो हमने साथ में मिलके बनाई हैं,
जो दिल पे रूह पे ऐसी हैं छपी
कि मिटाने से भी नहीं मिटी।
Beer, vodka, whiskey से scotch तक,
red wine, white wine से
tequila तक सब पी ली,
थोड़ा आंसुओं के खारे का neat
मार के भी देख!
Hostel, 3 star, 4 star, 5 star सब में रुका होगा,
ज़रा बड़े दिलों में घर बसा के भी देख!
Fake actors, यारों दोस्तों से लेके,
परायों से थोड़ा करीब

अजनबी रिश्तेदारों तक!
टैक्सियां, ट्राले, aeroplane, chopper भी हो गए,
इतने ही पैसे हैं तो मेरे दिल और रूह का private
charter book करा के देख!

the black sheep© 19.10.2024 20:55

सारेयां नू लब जू है

आ री आ री आ री आ री आ री आ री
catch करो, catch करो,
कर सको तो catch करो,
match करो, match करो,
मेरी रफ़्तार match करो।
तुम जाल बिछाए wait करो,
मैं फुर्र से उड़ जाउंगी,
ना हाथ किसी के आई हूं,
ना हाथ किसी के आउंगी।
बड़े-बड़े सपने मेरे, बड़ी बड़ी ख्वाहिशें,
पर आज भी छोटी छोटी बातों में ढूंढू मैं खुशियां।
मेरा कोई मोल नही तू पैसे से क्या तोलेगा?
तेरे बस की बात नही तू क्या ही समझेगा।
मैं समझ में आने वाली बन्दी नही,
और समझाना चाहती भी नही।

मैं थोड़ी सी समझदार,
थोड़ी सी crazy
मेरे नित नए रूप कभी छाया, कभी धूप,
कभी beer तो कभी wine
तू मिलना लगा के अब line,
पर पास ना आना बे जल जाएगा!
बिना पिए ही नशे में रहूं,
क्यूंकि life ने इतना मारा है कि
उसके सामने सारे नशे हैं fail
कभी चांद से मिलूं कभी तारों से खेलूं
मैं तू धूप में भी sunscreen ना लगाऊं,
बिना makeup ही जगमगाऊं।
कभी रोऊं तो अगले पल ही मुस्कुरा दूं,
क्यूंकि पल पल खुद को समझाऊं—
की life है छोटी और काम हैं बड़े,
रोके time क्यूं गवाऊं?
क्यूं ना जो time बचा है,
उसमें थोड़ा हंस लूं थोड़ा हंसा दूं,
थोड़ा प्यार बांट दूं थोड़ा बटोर लूं।
जो किसी ने न किया वो भी कर के दिखाऊं।
ना मैं मंदिर जाती ना ही मस्जिद,
क्यूंकि मेरा रब मेरे अंदर ही है बसता।
पंगा मैं शुरू ना करूं,
पर जब रौला पै जाए तो पीछे भी ना रहूं।
मेरा version 1.0 तो तू संभाल नहीं पाया,

Version 2.0 तो और भी deadly है,
जो तेरे बस की बात नही।
तो ऐसा है मित्रों अब थोड़ा दूर से देखो
Deep breathing करो और और ठंडी आहें भरो,
अभी तो बहुत कुछ है देखना सुनना।

the black sheep© 12:10:2024 12:44

Bad blood

Not enough time
And so much to do.
Kya kya krun, ex hubby,
Kya kya krun?
इक ज़िंदगी, इक जान,
जो तूने रोल दी, मेरी जान
माना था तुझे भगवान,
लड़ गए थे दुनिया से तेरे लिए,
और आज देख कहां आ गए हम
“ये नही करना, वो नही करना,
ये नई पहनना people will stare!
हमारे यहां ऐसा नही होता, वैसा नही होता!”
अब तू दूर से बैठ के देख,
मेरी दुनिया में क्या-क्या है होता।

मेरे अपने रूल्स, अपने ethics,
बहुत राज़ हैं इस दिल में,
निकल आए जो बाहर,
तो रुसवा हो जायेंगे कुछ लोग।
मेरे पापा मेरे से मिलने को तरसते रहे,
अपनी मां के मुंह पे दरवाजे बंद किए तेरे लिए,
और तो अपने रूल्स की बत्ती
बना के जलाता रहा।
Is this what you call love??!!!
हर बार तुझे cover up करती रही,
पर तू हर शादी हर त्यौहार पे लड़ के,
मुंह बनाए बैठा रहा मेरे घर वालों के सामने।
और मैं बैठी सोचती रही कोई नही, i love him
कभी तो समझ आएगा इसे।
I was always, always smiling for the world
But burning inside and if you really loved me
you could have sensed it but obviously not.
अगर यही तेरा प्यार है तो जा
जा के किसी और को बांट।
तूने तब तक कदर नही की
जब तक मैने निकाल नही दिया
तूझे अपनी ज़िंदगी से।
अब तू पीछा कर, hack कर track कर
इधर घंटा फर्क नही पड़ता ex hubby
यहीं बैठे हैं कहीं ना जा रहे

But you know what sweetheart
God made me different
क्यूंकि मैं आज भी किसी के साथ
वो नहीं कर सकती जो मुझे मेरे साथ होना पसंद नहीं है।
And I still pray to God, from the bottom of my heart, that you be happy, at peace and have loads of money and some like minded people to be by your side.

the black sheep© 06:10:2024 10:00

What's your tribe ...?

Blessed are the ones who are normal
as the world around.
The misfits and the rebels are the ones at loss,
cos they won't even try to fit in,
knowing well their life will go for a toss.
cos it's the path they chose, wherever it goes,
no matter how much pain it brings,
and how many bells it rings along the ride,
they would rather go against the tide,
they are happy alone not willing to clone,
cos they know well, their tribe...

the black sheep @ 12.09.2022 00:05

It's for you to decide...

you would end up drowning in the emotions
or swim and come to the shore...
you would end up being caged, or flutter your
wings to fly and define your own horizon...
you would let the failures consume you or
come out a winner...
you would let their opinions belittle you or
make you even stronger...
you would give up and give in or set out on a
journey to find who you truly are...
cos when you find your true self there's no
holding back...
a bird set free would never want to be caged
again...

the black sheep© 09.06.2021 07:58

मैंने ते तेरे तेरे उत्ते छड्डियां डोरियां

May God bless those
who can't see others
happy and at peace
with lots of love and peace of mind.

जो लोग दूसरों को खुश नही देख सकते
रब उन्हें प्यार और शांति बक्शे।
रब मेहर करे उनपे बस यही दुआ है।

the black sheep© 21:09:2024 00:44

Self-respect first

नफ़रत और ईर्ष्या से कहीं ज़्यादा
ताकत प्यार में होती है।
डर से कहीं ज़्यादा निडरता
हिम्मत में होती है।
हीरे मोती से कहीं ज़्यादा चमक
अमावस के चांद में होती है।
अंधेरों से कहीं ज़्यादा रोशनी
आत्म के उजाले में होती है।
तन से कहीं ज़्यादा खूबसूरती
सच्चे दिल की होती है।
पैसों से कहीं बड़ी क़ीमत
आत्म सम्मान की होती है।
जो ना ही कभी कम होती है
और न ही कोई तुमसे छीन सकता है।

the black sheep© 21:09:2024 04:21

धरती अम्बर चांद तारे
सब रहें खुशहाल

God will make you meet varied personalities
that will cross your path in this lifetime
just to make you learn what not to become...
May God be with all.

रब ने हर तरीके के लोग बनाए हैं
सिर्फ़ हमें सिखाने के लिए
कि कैसा बनना है और कैसा नही।

the black sheep© 20:09:2024 23:06

Forever & beyond!!???

सही और गलत के
सबके अपने दायरे हैं।
तुम्हारा सही
शायद मेरे हिसाब से गलत हो
और मेरा गलत
शायद तुम्हारे लिए ठीक।
तो सही और गलत से
परे जीते हैं ना।

the black sheep© 03:07:2024 01:11

वक्त पे किसका ज़ोर है

कल ही की तो बात है
कराया था जिन्हें खामोश वो आज मचाएं शोर हैं।
थे जो डरे सहमे आज वही बनाएं मिसाल हैं।
कागज़ी थे रिश्ते जो वक्त की बारिश में धुल गए।
थे जो दिल के करीब वो अब भीड़ में शामिल हो रह
गए।
उड़ी जो धूल वक्त की कुछ धुंधला गए कुछ
निखर गए।
तूफ़ान रुकने पे जब देखा थे साथ खड़े जो पीछे रह
गए।
जो करते रहे कोशिश हरदम की रह जाएं बस थम
के हम
भूल गए थे वो शायद कि अपना भी तो वक्त
आएगा।

the black sheep© 12.06.2021 00:42

Delusional

कुछ लोग टूटे हुए कांच के
उन टुकड़ों की तरह होते हैं,
जो हर खूबसूरत तस्वीर को देख कर
सोच में पड़ जाते हैं,
कि ये हकीकत है या छलावा
और फिर भी खुद को भुला के
उसमें अपना वजूद ढूंढने की कोशिश करते हैं।

Some people treat themselves as a missing
piece of a puzzle and keep trying to fit in to
get that sense of wholeness all through life
without realising they are complete ...

the black sheep © 25.06.2021 00:02

Somewhere you belong...

Expectations disappoint and hurt...
Doesn't really mean you stop expecting
or giving wholeheartedly to the ones
who least deserve the best of you...
Stop pouring in all you got
and giving all you can to the ones
who don't deserve...
Because the leeches won't ever realise
and accept the fact that they are
feeding on you unless you stop
and realise your self-worth...
Just open your eyes and heart
to realise well in time and save yourself
before you have nothing left for yourself...
And the day you realise it,

you won't have any expectations from them
and choose to walk away
with your head held high,
somewhere you belong...

the black sheep© 24.07.2021 07:56

Alive

A constant unwavering urge
of running away from this maddening world
that keeps getting stronger day by day...
waking me up in the middle of the night...
when the darkness takes over,
enveloping the blinding lights,
the starlit sky realising
it's short lived freedom...
when the silence seeps in slowly...
eating away the deafening shrieks,
fully aware, it will succumb
to the noises yet again when the day sets in...
when the little birdies are resting
in their nests

to start afresh on yet another journey
the dawn brings...
when the young 'Karela Singh' sapling
in my balcony sways with the cool breeze,
storing in strength to bear the blows
of the not so cold summerish winds...
when my brains are at rest
and the heart is outplaying all the emotions,
asking me the same question yet again,
'Are you really alive
in the midst of all the chaos?'
only to be answered by my soul
'make the most of it while you are...'

the black sheep© 03.06.2021 02:22

अपने पराए

समझ में आ जाएं
तो पराए भी अपने से हैं।
जो ना समझ पाएं
तो अपने भी अजनबी ही हैं।

the black sheep© 24:07:2024 03:33

दिल से अमीर

उम्र, हैसियत और ओहदे
में छोटे लोग गर कोशिश करें
तो पहाड़ भी चढ़ सकते हैं
दिल साफ और इरादे नेक होने चाहिएं
बाकी रब संभाल लेता है।

the black sheep© 02:10:2024 03:24

तन्हा

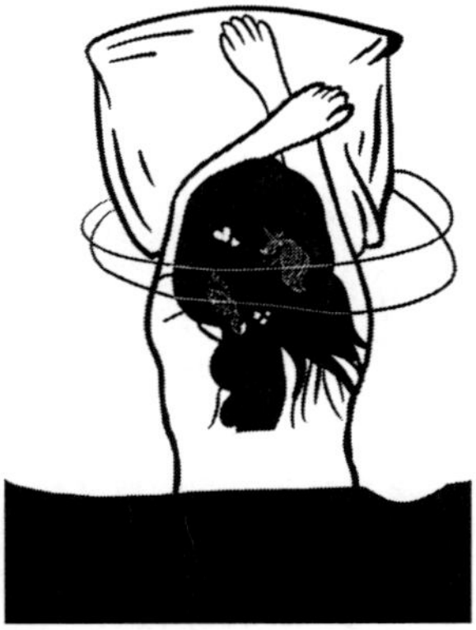

ज़िन्दगी गुज़ार दी तन्हा
और वो कहते हैं
सोच लो अकेले ना
रह पाओगे हमारे बिना।

the black sheep© 05:2020

मुखौटे

forgive, forget, and move on...
for all the hatred you received
was all they had to offer...
for all the moments they tried to break you,
were their own insecurities
taking over their heads...
for all the selfishness they offered
was their own egos bleeding in their actions...
learn to smile, love yourself, and move on...
sprinkle happiness and a little magic
wherever you go...
the fake ones put on camouflage
to hide their true faces,
stop believing in fallacies...
Be yourself anyway

for the fake ones really don't deserve
to know the real you...

उन हसीन चेहरों के पीछे छुपे हैं राज़ कई,
मुखोटे लगा के दुनिया छुपा लेती है अपनी कमी।
मुस्कुराओ और खुल के जियो
की ज़िंदगी तुम्हारी किसी की मोहताज नही।

the black sheep© 30.07.2021 01:23

The Vows

Some wounds feel so fresh as if
they will start bleeding when touched, again...
Each and every moment is etched on my heart
as if it all happened just yesterday...
and I live it all over again
every time I see two souls happy together...
I can't take it off my head,
no matter how hard I try to forget and forgive
to move on with my life...
Guess the answers to all the why's
and what if's will find their way to me
in time to get me closure and attain peace...

the black sheep© 23.06.2021 00:36

Moonlit sky

How does it feel to come so close to be alive
and then feel the fakeness take it all away...
Looking for ways to come out of the labyrinth
and not finding the way...
Paying the price of not fitting in...
Waking up every morning to hustle through
with a smile...

the black sheep © 30.09.2020

I was told once...

Ask your parents how important sex is
for a happy married life...!
and I kept thinking,
"What about an emotional connect,
my love...??"
"You have started earning more than me,
that's why you argue with me...!!
And that hit me hard, cos you never
understood I value love over money,
my love...!!
"You were a kid when I met you and didn't
know anything! I raised you...!
Well, that hit me on another level,
because you never realized
a rebel is in the making, my love...!!

“मेरे पैसों पे ऐश की है तूने!!”

And that was the final nail in the casket of
OUR oh-so-perfect relationship!!

the black sheep© 09.06.2021 08:14

What if!!???

I sit in oblivion, thinking, "What if..."
I was a sparrow with no fear of being caged,
busy catching food for my little ones...
I was a rose with beauty to soothe one's eyes
and thorns to pinch if taken for granted...
I was a squirrel, quirky, chirpy, restless,
chewing on some and gathering happiness
for days to come...
I was on no man's land in the arms of nature,
birds, animals, lots of books, and myself...

the black sheep© 08.04.2020

उफ़ ये गहराइयां

Do I need more than
soul-deep connections,
permutations and combinations,
to follow wherever life takes me along?

और क्या चाहिए, बस
रूह को छू जाएं जो,
ऐसे कुछ एहसास,
जाने अनजाने रस्तों पर,
जो लिए चले मुझे साथ।

the black sheep@ 06:09:2024 04:04

Still i rise

I kept screaming how I felt
But you didn't budge.
With time I realized it wasn't worth.
I kept the hope alive,
hoping things would align,
and then I became quiet.
But I must say, it was quite a ride...
Now I am long gone,
you sit back and realize
that it's your loss, not mine...

the black sheep© 31:08:2024 04:59

Mismatched

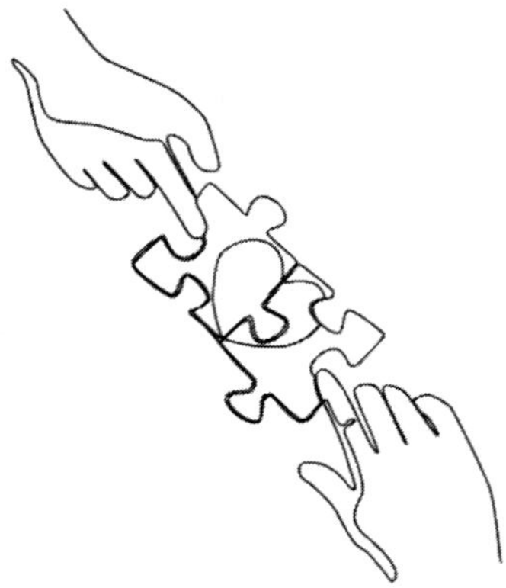

She was the kind of girl
who wanted to live in the moments
and believed in fairy tales...
He was the kind of boy
who dreamed to make it big
and believed in reality...
Mismatched, they chose their own paths...

जाने किसका है तुम्हे इंतज़ार
कि ज़िन्दगी यही है और यही।

the black sheep© 30:08:2024 04:56

Aching heart & Sore soul

I poured and poured and poured
from all my heart and soul
till my glass was empty,
my heart was aching,
and my soul was sore.
And when there was
nothing left to pour,
I was told that I had become cold...
I refilled the glass alone,
sealed it and kept it close,
Refuelled my heart and soul,
and tell myself I am whole...
There's so much buried inside
that I wake up in the middle of the night,
pick up a pen and write.

Now I pour from the glass for self
and reassure myself that I am whole.

the black sheep© 30:08:2024 03:03

unspoken | unheard

I look back at my past and question myself,
“What have I done to myself?”
I look at myself today and realize
I have come a long way,
I am not what I used to be,
it's a 360° makeover...
I look forward, and I know
there's so much more to achieve...
I'm unstoppable today!
होर की दसा अपनी दास्तां,
हाले कुछ वरके ने ख़ाली ही।

the black sheep@ 29:08:2024 09:25

living in the moment

What's more important?
The journey,
The destination,
Or the fellow traveler?

क्या ज़्यादा अहम है?
रास्ता
मंजिल
या हमसफर?

the black sheep© 29:07:2024 00:50

four-year-old

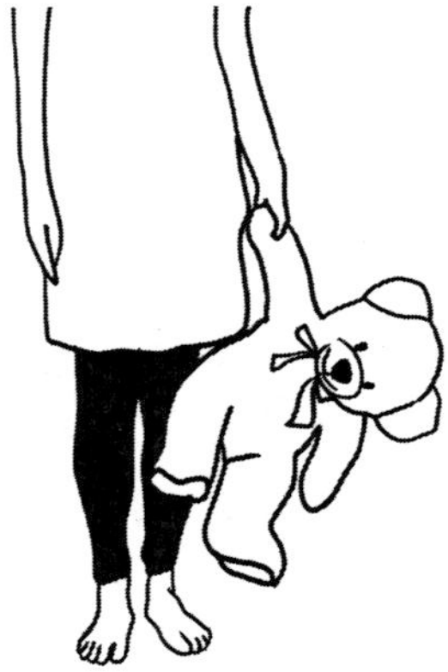

वो छोटी छोटी बातों में खुशियां
और परायों में अपनापन,
ढूंढ लेने वाला बचकाना, अल्हड़पन,
उम्र के साथ ना जाने कहां चला जाता है?
क्यूं वक्त के साथ
हमारी खुशियों की परिभाषा
और अपनेपन का दायरा,
दोनो ही बदल जाते हैं?

Remember to let the four-year-old self
rule your heart once in a while
to stay alive in this insane world!

the black sheep© 03:07:2024 00:37

fairytales!!???

Yesterday is stale,
Tomorrow is a fairytale,
Make the most of today,
Cos that's all you got girl!
भूल जा बीता पल
जाने क्या होगा कल
तू जी ले जी भर आज़ में ही
यूं ही ना गवा ये पल।

the black sheep© 02.07.2024 23:43

Diamond heart

Like minded people,
cross your path once in a lifetime,
keep them close to your heart,
before they decide to walk away...

खुद के जैसा कोई मिले गर
तो वो रिश्ते संभाल के रख
क्योंकि ये मौका
ज़िन्दगी बार बार नहीं देती।
रख सांब के सोने दा जीवें गहना
नहीं ता साड्डा दिल मोड़ दे।

the black sheep© 29:08:2024 01:23

Can neither be defined nor confined

U think u broke me!
Naah, I am an art, love ...

मेरे जैसा कोई और मिले गर
तो मुझसे भी मिलवा देना।
नहीं तेरे जेहा होर दिसदा।

the black sheep© 29:08:2024 01:55

We become what we want to be

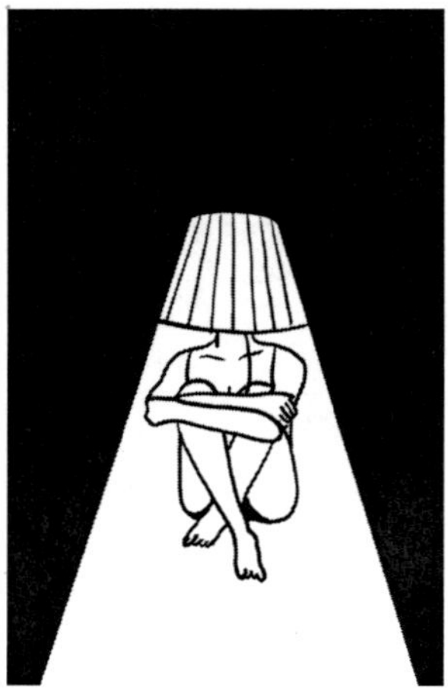

We don't become everything we consume,
there's so much going around.
If we learn how to shut the noise
and absorb only what we think
is right for us...
We shouldn't try to avoid
everything mediocre,
you never know there might be something
in there to inspire...
That's the lesson life has taught me.

Focus is only on bigger goals,
don't need no fake friends
and man-made signs anymore,
cos there's so much more to learn and evolve.
God certainly has bigger plans for me.

the black sheep© 18.11.2024 23:42

hum tum

Love boundless| |Blessings countless
Success limitless| |Outlook flawless
Peace priceless| |Wealth exponential
Health abundant| |Learning mindful
Heart colorful| |Mind unbeatable
Body untouchable | |Soul enlightened
Haters speechless

the black sheep© 18.11.2024 00:07

To us

Cheers to new beginnings,
Cheers to love,
Cheers to peace of mind,
Cheers to the past,
That's way behind us.
Cheers to dreams,
That we will persevere
and achieve together.

the black sheep© 17.11.2024 01:20

Forever and beyond

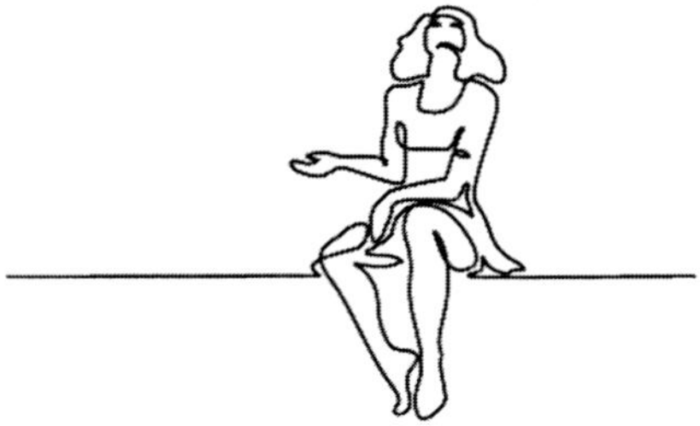

The biggest question I ask myself is
“Should I stop talking to myself”
When I know clearly
no one around understands
And the answer i get every time is
“No no no no no no never ever”
Cos I know at least I hear myself
loud and clear and understand myself
Even if no one does
Even if no one does
and will never ever
Whether I am drunk or sober
In my senses or blacked out
In a quiet place or around someone
in this colorful world
Even if I can't find the voice

And have the energy to express
To this fake world dancing
and singing around
Even if I don't have any ears
to hear me out and listen to
what I got to say
I got myself to hold on to,
And travel to the moon and back.
And every single time, I get the same answer:
I should never ever STOP talking to myself
and hearing my heart out loud and clear
shutting all the voices around.
"Cos that's all I got,
Cos that's all I got."

the black sheep© 17.11.2024 23:13

Whatever

नैन लड़ा के भी देख ली,
नज़रें चुरा के भी देख ली,
चश्मे भी लगा लिए,
Lenses भी try कर लिए,
सच बोल के भी पछता लिए,
Lies बोलने के भी कोशिश कर ली,
किस किस को क्या बता रखा है,
ये भी अब याद नहीं ,
दिल भी लगा लिया,
Brains भी apply कर लिए,
इश्क़ भी कर के देख लिया,
Hatred कभी किसी से की नहीं,
ख़ुद को मिटा के,
दूसरों की हिफाज़त भी कर ली,

दौलत भी कमा ली,
Fame कमाने की कोशिश भी कर ली,
पर ये समझ नहीं आया आज तक
थोड़ा सुकून कमाने के लिए
क्या करना पड़ता है,
कौन सी currency में बिकता है,
और कौन सी country में मिलता है?
Passport तो है अपने पास,
Visa लगवाना पड़ेगा या
On arrival immigration stamp लग जाती है?
पता नहीं क्या ही लिख के भेजा था ऊपर वाले ने
क़िस्मत में,
पर अपनी story ये रब की बन्दी अब ख़ुद लिखेगी
और सारी दुनिया देखेगी,
क्यूंकि सब कुछ सच लिखेगी।
दीमक लग गई घर में,
लेकिन दिल में अब भी रौनक है।
खाना ठंडा हो जाता है पड़े पड़े,
time नहीं है अब गरम खाने का,
क्यूंकि काम करने हैं बड़े बड़े
और dreams पूरे करने हैं सारे।
Vibe किसी से अब नहीं मिलाती,
क्यूंकि सब फ़ायदा उठा के चलते हैं बनते।
अब ये सिर्फ़ आगे ही है बढ़ती,
पीछे मुड़ के नहीं है देखती,
क्यूंकि, as I said time नहीं है बन्दी पे।

सब कुछ ग़लत हो फ़िर भी सही है सोचती,
और भले ही लोग कुछ भी सोचें
और कितनी भी blah blah blah करें,
अब ये बन्दी दिल पे नहीं लेती,
क्यूंकि "whatever" is my patent,
Or should I say, favorite response
To everyone.

the black sheep© 10.11.2024 22:34

Artificial Intelligence

We are busy raising emotionless robots
to run in this rat race of
acquiring wealth and net worth,
with so less time to connect,
bridge the gaps and unite with loved ones—
and we think AI will be a danger to the
human race.

the black sheep© 28.03.2025 16:59

Life is a puzzle

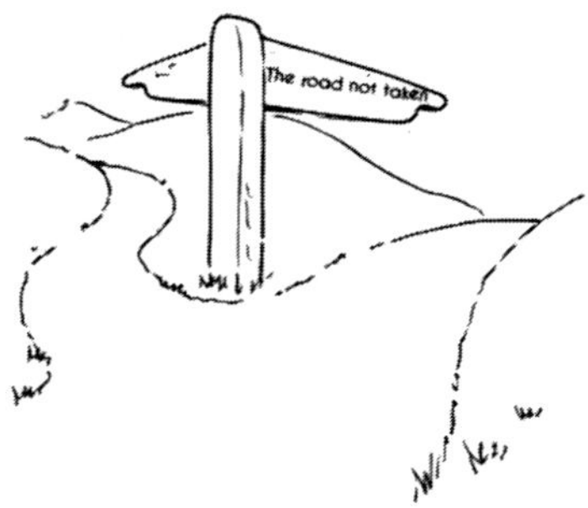

Life is a puzzle that will bring along
all kinds of souls to fit in...
just choose your tribe wisely...
It's a blank canvas and you got your own
blacks, whites and greys...
just pick your colors wisely...
You got many untold stories
that the heart will unfold one after another...
just unveil them nicely...
The characters are all intertwined
and you'll get to learn from them a lot...
just define them precisely...
It's a labyrinth and the paths are all
jumbled up...

follow your own instinct and you'll arrive at
your destination finally...

the black sheep© 09.06.2021 02:22

just be with me

we'll figure out the details later...

a hilltop wooden house,
snow peaks,
and grazing sheep on hills...
two dogs, four kittens,
lots of sparrows,
and some squirrels...
bonfire, coffee,
scotch and whiskey...
bright, sunny mornings,
full moon nights
and rainy evenings...
trekking away in silence,
2 a.m. barefoot walks on the beach...

reading lots of books,
and binge-watching
La casa de papel
and lots of cartoons...
love notes in your creepy crawly writing...

the black sheep@ 01.10.2021 00:00

जिंदगी

कुछ पत्ते शाख पे झूलेंगे
कुछ पतझड़ में गिर टूटेगें।
कुछ थक के थम जाएंगे कहीं
कुछ मंजिल तक जा पहुचेंगे।
कुछ गिर के सहम जाएंगे कहीं
कुछ फिर से उड़ के झूमेंगे।
कुछ मोड़ पे खो जाएंगे कहीं
कुछ राह बना लेंगे अपनी।
जिंदगी जीना है एक कला
हर कोई यहां कलाकार नही।

the black sheep © 04.06.2021 02:08

Insane

कभी मैं दिवाली के दियों की जगमग
तो कभी मैं होली के रंगों की खुशबू।
कभी सूफ़ी की नज़्म
कभी बच्चे की मुस्कुराहट।
कभी मैं कृष्ण की बांसुरी
तो कभी राधा का हार श्रृंगार।
कभी मैं गुरुद्वारे की गुरबाणी
तो कभी मज़ार पे चढ़ी एक चादर।
कभी में गिरजा मैं मिलता सुकून
तो कभी लहू में दौड़ता जुनून।
कभी नज़रों से दूर
पर दिल के क़रीब।
कभी प्यार किसी का
कभी खुद की रकीब।
कभी खुद ही मैं रस्ता

कभी हूं राहगीर ।
कभी मैं आईना
तो कभी परछाई।
कभी समझ ना पाई
तो कभी समझ ना आई।
नासमझ इस दुनिया में
बावरी मैं कहलाई।

the black sheep © 01.03.2023 23:13

Bigger bitch than life

No talks and no slow walks,
Only big leaps to arrive at the top.

Enough of holding back
now it's time to step up and move ahead.
Enough of class/home/holiday
homework/daily chores,
Now it's time to prep for a little play
And let the emotions slay.

Enough of hustle, hustle, hustle,
Now it's time to become a trouble maker
Enough of deadlines/presentations
Now it's time for some animations
Enough of offline/online meetings
Now it's time to connect with self.

Enough of plan discussions,
Now it's time to plan my own future.
Enough of being at the receiving end,
Now it's time to pay back with interest.
Enough of giving others the credit,
Now it's time to debit such leeches
from life once and for all.

Enough of scheduling/rescheduling,
Now it's time for some doodling.
Enough of phone/email notifications,
Now it's time to make some real connections.

Enough of fake smiles,
Now it's time to express
what's been on my mind.
Enough answering spam mails and calls,
Now it's time to focus
on the bigger picture
and listen to the heart.

Enough of listening to others,
Now it's time to unveil my true self
and start afresh
Enough of being underground,

Now it's time to shine out there
and light up the world.

Enough of the dark tunnels and underpasses,
Now it's time to travel
beyond everyone's imagination
at lightning speed.

the black sheep© 13.11.2024 18:32

Life is like a rubix cube

You need to align your
aspirations with efforts,
setbacks with learnings,
decisions with grit,
success with the right mindset,
heart with kindness,
and soul with peace
to solve it.

the black sheep © 17.10.2022 00:12

Real is rare!

किसी को पैसा चाहिए
किसी को प्यार
किसी को बड़ा घर
तो किसी को लंबी कार
किसी को नौकरी
तो किसी को व्यापार
हैं ऐसे भी चंद लोग
जो कम में खुश हैं
बस दिखावा और छलावा
रह गया इस दुनिया में
अपनी खुशी से ज़्यादा
लोग दूसरों के गम में खुश हैं।

the black sheep© 09.09.2022 22:18

Bipolar| बावरी

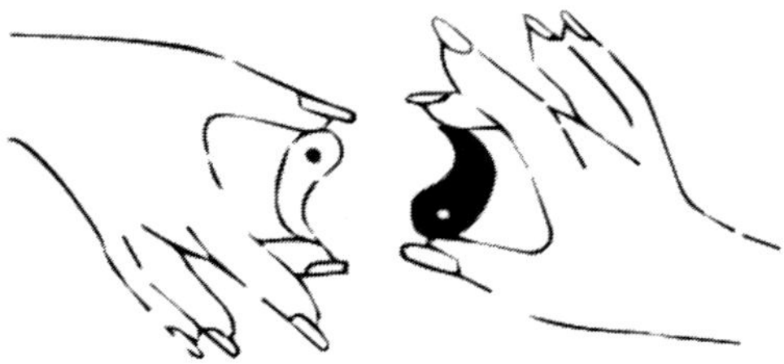

Am not yet done
Cos now it's my turn
I don't believe in miracles anymore,
I only believe in actions.
I gave you control,
Not once but many a times,
But guess what?
Now I take away the power
Cos I am happy alone
and I'm not yet done.
I was the ears and heard your silence,
But guess what?
Now I am the eyes and I only see my future
cos it's bright and shining.
Cos now it's my turn and am not yet done.
I connected with you and made you dance

But guess what?
Now I disconnect and turn within,
need no fake friends
and dance alone in my own rhythm
Cos now it's my turn
And m not yet done
I held your hand and walked miles
I was there whenever you needed
But guess what?
Once I turn around and walk away,
there's no looking back
And now i only go upward and onward
Cos now it's my turn and m not yet done
I was the bluetooth and connected
to play our music
But guess what?
Now i disconnect
and create my own music
cos there's so much on my mind to pour
Cos now it's my turn and m not yet done
I was the recharge to your phone
whenever you needed
But guess what?
Now i only recharge my heart and soul
Cos now it's my turn and m not yet done

I was the Wifi whenever
the network was slow
But guess what?
Now I am busy
making a stronger network
Cos now it's my turn and m not yet done
I was the lense to your camera
But guess what?
Now i focus on my own life
Cos there's so much to capture
and show the world
Cos now it's my turn and m not yet done
I was the binoculars
whenever the world was blurred
But guess what?
Now I am my own telescope
cos I got a clear vision of the galaxy
Cos now it's my turn and m not yet done
I was the clarity
when you were having hallucinations
But guess what?
I have myself become bipolar now
and live in my own imagination
Cos now it's my turn and m not yet done
I was the Lemonade

whenever you needed a detox
But guess what?
I am always high on my life now
Cos now it's my turn and m not yet done
I was a mark on your heart and soul
But guess what?
Now I am getting
my own trademark registered
Cos now it's my turn and m not yet done.

the black sheep© 12.11.2024 10:21

रब के बन्दे

गंगा में नहाने से पाप नहीं धुलते,
और आंसुओं से सींचे हुए खेत कभी नहीं सूखते।
ये इस जाली ज़माने की समझ में कैसे आएगा,
क्यूंकि उनके दिल और रूह पे ताले पड़े हुए हैं,
और उनको खोलने भी नहीं,
क्यूंकि चाबी उनको देके रब ने भेजा ही नहीं।
क़िस्मत है फूटी क्यूंकि उनको मिलती है
जाली होने में ही ख़ुशी।

ख़ुद को रब समझ के हैं बैठे,
अब कौन ही समझाए
कि रब एक ही है सबका,

जो सब पे नज़र रखे बैठा है।

कितने ही मज़हबों में बांट लो,
कितने ही टुकड़े कर लो,
कितनी ही सरहदें बना दो,
कितने ही पूजा पाठ कर लो,
वो सब देख रहा है,
और सारे हिसाब यहीं बराबर करता है।
ऊपर जाके क्या स्वर्ग, और क्या नर्क, सब यहीं है।

क्या ये जन्म और अगला जन्म?
सुना है इस जन्म में करे पापों का हिसाब
अगले जन्म में पूरा करना पड़ता है।
मुझे तो ये पता है, जो इस जन्म में
किसी का दिल दुखाता है
वो इस क्या किसी जन्म में
खुश नहीं रह सकता,
कितने ही पैसे कमा ले शौहरत कमा ले,
अगर दिल और रूह साफ़ नहीं है,
तो सब बेकार है,
क्यूंकि सयाने कहते हैं, साथ कुछ नहीं जाता,
सब यहीं पे ही है रह जाता।
भर लो तिजोरियां पैसों से,
कर लो जितनी भी ऐश,
जो दिल ही काला हो

तो क्या ही सुकून मिलेगा
रातों की नींद दिल का चैन नहीं बिकता।
जिस दिन ये समझ आ जाए,
समझो सब पा लिया।

the black sheep@ 15.11.2024 01:15

Suffer | सफ़र

रोक टोक लगाते थक गए लोग,
पर ये बन्दी बाज न आती अब।
कहती है चिड़िया सी ऊंची उड़ान है भरनी,
पर बाज से पैनी नज़र है रखनी।
सोच भले ही कितनी ऊंची हो,
Success कितना भी achieve कर ले,
पैर हमेशा grounded हैं रखने।
दिमाग़ भले ही कितना चला ले,
दिल में हमेशा शांति है रखनी,
जिस्मों में कुछ नहीं है रखा,
रूह से ही है बस connect करना।
फ़िकराना होके बहुत जी लिया
ख्वामखा ही इतना वक्त बरबाद किया।

या फिर ये सोचें जो हुआ, अच्छा ही हुआ,
क्यूंकि इतना सब है सीख लिया
कि बस अब तो लगता है आबाद ही किया।
अब जो मिला उसका शुकराना है करना,
और बस यूंही है चलते रहना।

the black sheep© 15.11.2024 14:53

स्वर्ग | नर्क

Coffee ठंडी हो री पड़े-पड़े,
Breakfast कह रहा have me
and break your fast
दांत में कीड़े लग गए,
It's paining while sipping water.
Dentist के जाने का tyme नहीं,
बन्दी लौंग लगा के काम चला रही।
पक्की ढीठ है अब किसी की नहीं सुन रही।
कपड़े iron करने का tyme नहीं,
अब Iron lady को
Nevertheless टशन पूरा मार रही।

बोले चूड़ियां नहीं गाती अब ये बन्दी,
लगवा दो इसको हथकड़ियां,

करवा दो इसको kidnap,
नहीं तो खोल देगी ये सबकी पोल
in the rap

ये wait अब किसी की ना करे
क्यूंकि काम हैं करने बड़े।
ये मौका ना अब किसी को दे
क्यूंकि मौके पे चौका मारने बहुत हैं खड़े।
अपनी पे गर आ जाए तो,
ये बन्दी छक्का मार के ball गुमा दे
भले ही हों कितने Dhoni, Sehwag, Sachin
जैसे Cricketer pitch पे खड़े।
Kiss me baby one more time,
बन्दी ये नहीं गाती अब
अब तो ये कहती है बस,
push me baby one more time,
क्यूंकि ये push ही देता है इसे वो kick,
जो इसे वहां पहुंचाए जहां इसे होना है।

Printer में paper खतम हो गया,
Pen में ink लेकिन दिल में है इतना कुछ,
कि ये रुक ही नहीं रही,
24 घंटे में 48 घंटे का है काम कर रही,
और थमने को तैयार नहीं,
क्यूंकि काम हैं ज़्यादा और वक्त है कम।

ये अब किसी के साथ न हो खड़े
क्यूंकि सब हैं दोगले।
ये अब किसी के लिए ना रुके,
इतना wait तो अब ख़ुद का भी नहीं करती।

हर दिन होली और हर रात दिवाली मनाती है,
क्यूंकि ना जाने कितने रंग
और कितनी रौशनी है,
इसके दिल और रूह में,
जो मुक ही नहीं रही।
तो इससे पहले ये खुद off हो जाए
जीना चाहती है
हर उस पल को ख़ुद के साथ ख़ुद के लिए

ऐसी दुनिया बनाने की है सोचती
जिसमें सब जिएं होके निरभउ निरवैर।
जिसमें currency हो प्यार,
और लोग करें एक दूसरे पे ऐतबार।
रब से दुआ है मांगती कि,
या तो ऐसे बन्दे बनाना कर दे बंद,
नहीं तो बना दे सबको ही ऐसा।
या फ़िर बसा दे इक दुनिया ऐसी,
कि ना जाने कैसी।
जिसमें सब पे बरसे रब की मेहर
और सबके दिलों में हो बरकत

जहां बन्दी थोड़ा सीखे और कुछ सिखाए,
और इक नई कायनात बन जाए।
जिसमें हो ना jealousy और नफ़रत,
बस टिमटिमाते हों तारे और खुश रहें सारे।
और जिस मर्ज़ी नाम से इक दूसरे को पुकारें,
Distance कितना भी हो miles में,
दिल दिल को पहचाने।
रूहानी connection हो ऐसा, न जाने कैसा।
सुकून बरसे ऐसा न जाने कैसा।
नींदें हों सबकी पूरी और मिट जाए सारी दूरी।
और लेन देन हो सिर्फ़ नेकी और दुआओं का।

the black sheep© 13.11.2024 04:46

The next level | Pro mode

I shut the noise and keep my calm,
turn within and put my armor on.
Don't need no springs,
I bounce on the tunes of this fake world,
Cos I know it's a mirage.
Tbh, this is what gives me a kick.
So bring it on, here I am...
Happy in my solace.
I put on a camouflage,
only to shed it when I feel like ...
Don't need no flowers,
I bloom around thorns.

Don't need no balloons or crackers,
I bust all your ego in one shot.
Don't need no spotlight,
I fire up in the darkness.
Don't need no small talks or Ted talks,
Everyone shuts when my heart talks...
There's a lot to say and express,
Which no one could understand.
The chair is rocking and so is this world.
The mosquitoes are biting,
and so is everyone else.
There's so much beauty around,
But their hearts are all black.
There are so many colors,
But the only color I got is
My true heart and soul,
That no one can color,
however much they try.
There's so much to do,
and so much to achieve,
Cos I know the possibilities are infinite.

the black sheep© 10.11.2024 11:11

अधूरी कहानी

long nights and brighter mornings,
dark alleys and silver linings,
to the falls and higher risings,
subtle greys and rainbow formings,
to the demons that I'm yet to confront,
to the hearts that remained untouched,
rare souls that were always judged,
this is to the stories that remained untold,
and the ones that are yet to unfold.

the black sheep © 18.10.2022 01:21

Memoirs

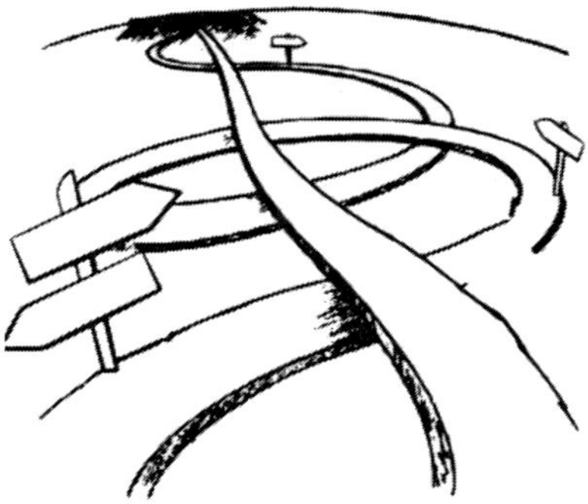

जिन्दगी आखिर है क्या
कभी समझ न आई
पर बहुत कुछ समझा गई।
थोड़ी नासमझी
कुछ समझदारी सिखला गई।
कभी काफिलों में अकेलापन
कभी तन्हाई में सुकून।
कभी मेले तो कभी खामोशी
कुछ समझने वाले अनकही।
थोड़ी धूप कुछ चांदनी रातें
और तारों से दिल की बातें।

कुछ यादें पुरानी
और राहें अनजानी
खुशियों का पिटारा
और गमों की पोटली
ले साथ चली ये जैसे कोई मनचली।

the black sheep© 16.10.2022 22:11

Colors of life

ना पाया कुछ
और ना ही इंतज़ार है।
किस्मत में होगा
सामने से चल के आएगा।
वक्त जैसा भी हो
बस गुज़र जायेगा।
रास्ता भी लंबा और
मोड़ भी कठिन
साथ हो या हों अकेले
कट जाएगा।
अधूरी है अभी तो ये कहानी, जिंदगानी
लिखेंगे ऐसा ख़ुद कि रंग भर जाएगा।

the black sheep © 12.09.2022 23:33

इकरा

काली गाड़ी, काले शीशे,
काले दिल वाली बंदी,
जो किसी दी नयिओ सुनदी,
बस अपने दिल दी है मनदी।
अजब दुनिया है,
जो मिल गया उसकी क़दर नहीं,
जो नहीं मिला उसके पीछे है लगी।
आड़ा उड़ा जाने यहां क्या क्या हो रहा,
लगे पड़े हैं अंधी दौड़ में,
सब अपना वजूद भूल के।
न जाने चाहिए एक के बाद कितने सिफ़र,
और कितना लिखा है और सफ़र।
कोई ना जाने यहां हकीक़त और छलावे
के बीच का अंतर।
टुकड़ों में ज़िंदगी काट रहे हैं,

क्यूंकि life is a puzzle
जिस्मों की कालाबाजारी है सब,
रूह को बेच खाए हैं।
अल्फाजों में क्या बयां होगी,
जज्बातों की ये दास्तां है।
जाने और कितने खाने हैं ज़ख्म,
जिनका नहीं है कोई मरहम।
नूरानी चेहरों के पीछे कितने राज़ छुपे हैं,
सिर्फ़ वही पढ़ सकते हैं,
जिनपे हो रब की महर,
और दिलों में हो बरकत।

the black sheep© 09.11.2024 20:30

Life's short, live passionately!

देखा जब पीछे मुड़ के,
तो कुछ लम्हे मिले जो सिखा गए।
है जो भी वो बस आज में है,
तू जी ले जी भर आज में ही।
सोचा जो कल के बारे में,
तो फिर से दिखे कुछ वो लम्हे,
जो बता गए ना सोच तू कल के बारे में।
जो होगा देखा जाएगा,
तू जी ले जी भर आज में ही।
तू कम घबरा, ज्यादा मुस्का,
क़िस्मत से मिली है इक ज़िंदगी,
इसको तू ऐसी ही ना गवां।
तू ठोकर खाये और गिर के उठे,
टूटे बिखरे और फिर संभले।
तू तपे जले और यूं निखरे,
ये वक्त का ही तो खेल है।

जो कुछ भी हुआ, उसे भूल के जी,
है तेरा आज बस सच है यही।
जो आज है तू वो कल न था,
और ना ही कल होगा वैसा।
ये वक्त यूहीं बह जाएगा,
ना हाथ किसी के आया है
ना हाथ किसी के आएगा।

the black sheep© 05.08.2021 12:34

वक्त सिखा देगा तुमको

ठोकर खाने पर,
रुक के संभलना भी,
और फिर से चलना भी।
थक जाने पर,
थोड़ा थमना भी,
और चलते रहना भी।
टूट के बिखरने पर,
आईना बनना भी,
और संवरना भी।
नियम उसूलों को परे रख,
सबकी सुनना, पर

दिल की कहना भी और करना भी।
नैनों की जुबां को,
हर्फ का लिबास दे कर,
कुछ अपनी कहना भी,
अनकही सुनना भी।
और गर सिखाने लगे वक्त,
अपना वजूद भुला कर,
भीड़ में शामिल होना,
खुद को खुद सा रखना भी।

the black sheep© 06.06.2021 01:41